Ciekawe dlaczego

Wielbłądy mają garby

i inne pytania na temat zwierząt

Anita Ganeri

Tytuł oryginału: Camels Have Humps
Published by arrangement with Kingfisher
Publications plc.
© for the Polish translation by Janusz Ochab
© for the Polish edition by Firma Księgarska Jacek i Krzysztof
Olesiejuk – Inwestycje Sp. z o.o.

ISBN 10: 83-7423-476-8
ISBN 13: 978-83-7423-476-4

Autor: Anita Ganeri
Ilustracje na okładce: Stephen Holmes (Eunice McMullen)
Ilustracje: Stephen Holmes (Eunice McMullen)
Tony Kenyon (B.L. Kearley Ltd) – wszystkie kreskówki.

Przygotowanie do druku: ALINEA
Druk: Legra sp. z o.o., Warszawa

Wydawca: Firma Księgarska Jacek i Krzysztof Olesiejuk
Inwestycje – Sp. z o.o.
05-850 Ożarów Mazowiecki
ul. Poznańska 91
www.olesiejuk.pl

SPIS TREŚCI

● Motyle zwane po łacinie *Ornitoptera alexandrae* to największe motyle na świecie. Ich skrzydła są niemal tak duże, jak ta strona!

● Płetwal błękitny jest tak długi, że na jego grzbiecie mogłoby stanąć osiem słoni.

Żyrafa
5,5 metra wysokości

Słoń
3,5 metra wysokości
7 ton wagi

Struś
2,5 metra wysokości

● Żyrafa jest najwyższym zwierzęciem lądowym. Dzięki swej długiej szyi może sięgać niemal na wysokość drugiego piętra.

● Wielki słoń afrykański jest niemal trzy razy wyższy od ciebie. Może ważyć nawet tyle, ile siedem samochodów.

● Struś to najwyższy i najcięższy ptak na ziemi. Jest równie wysoki, jak autobus!

? Które zwierzę jest największe?

Największe zwierzę, jakie kiedykolwiek żyło na ziemi, to wieloryb zwany płetwalem błękitnym, większy nawet od największych dinozaurów. Mimo że żyje w wodzie, jest ssakiem, nie rybą. Może ważyć nawet tyle, ile 150 samochodów!

Płetwal błękitny
30 metrów długości
150 ton wagi

● Rekin wielorybi waży tyle, ile 40 samochodów. To największa ryba na świecie.

Ludzie od 160 do 190 cm wzrostu (średnio)

Rekin wielorybi
15 metrów długości
40 ton wagi

● Pyton siatkowy może być tak długi, jak sześć rowerów ustawionych w rzędzie! To najdłuższy wąż na świecie.

Pyton siatkowy 10 metrów długości

Jaka jest różnica między rekinami a delfinami?

Choć rekiny i delfiny wyglądają podobnie, należą do dwóch bardzo różnych grup zwierząt. Rekiny to gatunek ryb, podczas gdy delfiny należą do gromady ssaków.

● Jeśli zwierzę oddycha przez płuca, a jego dzieci żywią się mlekiem matki, to jest ono ssakiem. Większość ssaków ma jakieś futro – skórę pokrytą sierścią lub włosami.

● Ty wcale nie przypominasz delfina, ale też jesteś ssakiem!

Płuca

● Jeśli zwierzę ma pióra i wy-kluwa się z jajka o twardej skorupie, to jest to ptak. Wszystkie ptaki mają skrzydła i większość z nich potrafi latać.

● Jeśli zwierzę ma sześć nóg i ciało złożone z trzech części, jest owadem. Na świecie jest więcej gatunków owadów niż wszystkich pozostałych zwierząt razem wziętych.

Odwłok

Głowa

Tułów

● Jeśli zwierzę ma wilgotną, oślizgłą skórę i rodzi się w wodzie, ale dużą część życia spędza na lądzie, to jest to płaz. Młode płazy wykluwają się z galaretowatych jajek.

● Jeśli zwierzę ma suchą, pokrytą łuskami skórę i rodzi się na lądzie, jest gadem. Większość gadów składa jaja o szorstkiej, podobnej do skóry skorupce.

Skóra pokryta łuskami

Skrzela

Płetwa

● Jeśli zwierzę żyje w wodzie, oddycha przez skrzela i porusza się za pomocą płetw, jest rybą. Większość ryb składa galaretowate jajeczka, z których wylęgają się ryby.

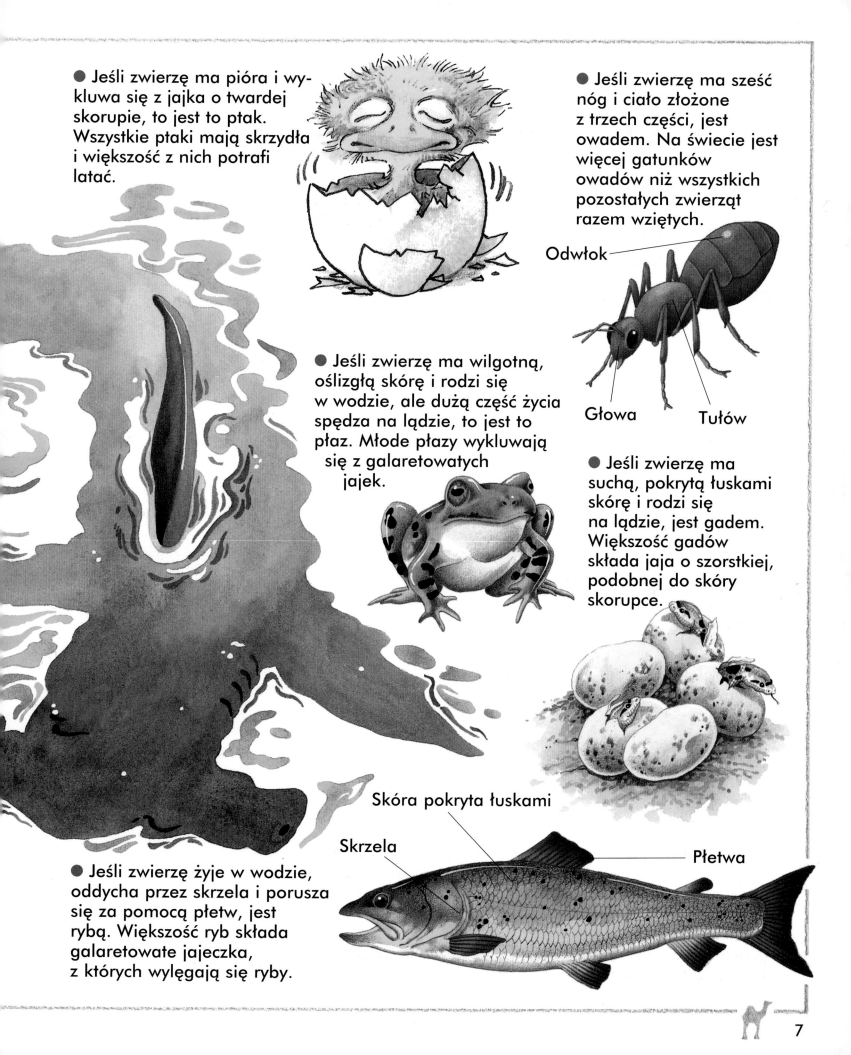

Czym się różnią żaby od ropuch?

Żaby mają zazwyczaj gładką skórę i długie nogi, które służą im do skakania. Większość ropuch ma chropowatą skórę, krótkie i grube ciała, a do tego porusza się, pełzając, a nie skacząc.

Ropucha

Żaba

● Zarówno ropuchy, jak i żaby są płazami.

...aligatory od krokodyli?

Krokodyle mają dłuższe, bardziej spiczaste pyski niż aligatory. Krokodyle mają też dwa bardzo długie zęby, które wystają z boków ich zamkniętej paszczy.

● Aligatory i krokodyle są gadami.

Krokodyl

Aligator

...małpy od małp człekokształtnych?

Największa różnica między tymi zwierzętami polega na tym, że małpy mają długie ogony, a małpy człekokształtne nie mają ich w ogóle. Na świecie żyje wiele różnych rodzajów małp, lecz jedyne małpy człekokształtne to goryle, orangutany, i szympansy.

Czepiak

Orangutan (małpa człekokształtna)

● Małpy i małpy człekokształtne są ssakami.

● Stonoga wygląda jak owad, ale nim nie jest – ma za dużo nóg! Ten robak jest spokrewniony z krabami i homarami.

● Zarówno króliki, jak i zające są ssakami.

...króliki od zajęcy?

Zające mają dłuższe nogi i uszy niż króliki. Ich wąsy też są dłuższe.

Dlaczego we wnętrzu ciała zwierzęcia jest szkielet?

Nie wszystkie zwierzęta mają szkielety, ale większość dużych zwierząt je ma. Im większe jest zwierzę, tym bardziej potrzebuje mocnej, solidnej konstrukcji, która utrzymywałaby jego ciało w całości i unosiła jego ciężar. Szkielet chroni także miękkie części wewnątrz ciała, takie jak mózg czy serce.

● Zwierzęta, które nie mają kręgosłupa, są nazywane bezkręgowcami. Owady, pająki, ślimaki, meduzy, krewetki i kraby są bezkręgowcami.

Kręgosłup

Kręgosłup

● Zwierzęta, które mają kręgosłup, są nazywane kręgowcami. Kręgowcami są ryby, płazy, gady, ptaki i ssaki.

10

● Szkielety większości zwierząt są zbudowane z kości, ale szkielet rekina jest z chrząstki. Chrząstka nie jest tak twarda jak kość, lecz również jest bardzo wytrzymała. Człowiek ma chrząstkę w dolnej części nosa.

● Owady, pająki, skorpiony, pareczniki i krocionogi (dwuparce) mają twarde szkielety zewnętrzne.

● Homary, kraby i niektóre chrząszcze mają bardzo mocne i wytrzymałe szkielety zewnętrzne, które chronią je przed atakiem wroga niczym zbroja.

Segment korpusu dwuparca

● Kałamarnice są największymi bezkręgowcami na świecie. Największa kałamarnica, jaką kiedykolwiek znaleziono, miała 25 metrów długości od czubka głowy do końca macek – była więc dłuższa niż ośmiu płetwonurków!

Które zwierzęta mają szkielet na zewnątrz?

Większość małych zwierząt ma twardą skórę zwaną szkieletem zewnętrznym. Te zewnętrzne szkielety spełniają taką samą funkcję, jak szkielety wewnętrzne. Chronią i podtrzymują miękkie ciała zwierząt.

● Aby urosnąć, zwierzę musi zrzucić stary szkielet zewnętrzny i wyhodować sobie nowy.

11

Dlaczego wielbłądy mają garby?

Garb wielbłąda to jego własna, wbudowana w ciało spiżarnia. Żywiąc się tłuszczem, który przechowuje w garbie, wielbłąd może nie jeść nawet przez dwa tygodnie i mimo to normalnie funkcjonować. Wielbłądy potrzebują swoich garbów, ponieważ żyją na pustyni, gdzie bardzo trudno znaleźć pożywienie i wodę.

Dlaczego słonie mają trąby?

Trąba słonia jest bardzo przydatnym narzędziem. Może służyć do zrywania liści i gałązek, które zjada słoń. Może być też wykorzystana jako wąż strażacki – słonie oblewają się wodą lub obsypują piaskiem, kiedy chcą się ochłodzić.

● Słonie witają się z przyjaciółmi, podając sobie trąby.

● Trąba słonia przypomina trochę ludzką rękę. Wykorzystując jej czubek, słoń może podnieść z ziemi nawet bardzo małe przedmioty, nie większe od guzika.

● Wielbłąd zwany dromaderem ma jeden garb.

● Wielbłąd zwany baktrianem ma dwa garby.

● Spragniony wielbłąd może wypić dziesięć wiader wody w ciągu dziesięciu minut!

Dlaczego żyrafy mają długie szyje?

Dzięki długiej szyi żyrafy mogą jeść liście nawet z czubków drzew. Inne zwierzęta nie sięgają tak wysoko, więc żyrafy mają dużo pożywienia.

● Język żyrafy ma pół metra długości!

Który ptak ma oczy z tyłu głowy?

W rzeczywistości sowa wcale nie ma oczu z tyłu głowy, choć czasami może się tak wydawać! Sowy mają tak giętką szyję, że kiedy chcą spojrzeć do tyłu, po prostu obracają głowę dokoła!

● Dzięki ogromnym oczom, sowy doskonale widzą w nocy, a właśnie wtedy większość z nich wyrusza na polowanie.

Jak nietoperze widzą w ciemności?

Nietoperze nie tylko potrafią latać bardzo szybko w ciemności, nie uderzając przy tym w żadne przeszkody, ale wyłapują jeszcze w locie owady, którymi się żywią. Nietoperze nie potrzebują do tego ani odrobiny światła, bo odnajdują drogę za pomocą dźwięku.

● Podczas lotu nie-toperze wydają dużo bardzo wysokich, pискliwych dźwięków. Kiedy dźwięki te uderzą w jakiś obiekt – jak drzewo czy owad – odbijają się od niego i wracają do nietoperzy. Te odbite dźwięki zwane są echem. Słuchając echa, nietoperze potrafią określić położenie różnych przedmiotów.

● Rozgwiazdy nie mają
głowy, ale mają oczy,
które znajdują się
na końcach ich ramion.

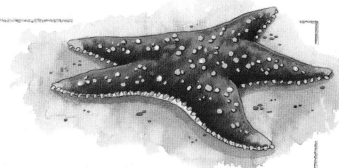

● Scynk olbrzymi
wystawia swój niebieski
język, by odstraszyć
nieprzyjaciół.

Które zwierzęta wąchają za pomocą języka?

Węże i jaszczurki nie wąchają nosem, tak jak my. Wysuwają i chowają co chwilę swe długie języki. To właśnie ich języki wychwytują zapachy z powietrza i ziemi, dzięki czemu węże i jaszczurki potrafią wytropić zwierzęta, którymi się żywią.

● Słonie afrykańskie
mają uszy wielkie jak
prześcieradła –
największe uszy na
świecie! Słonie mają
bardzo dobry słuch,
lecz uszy służą im także
do chłodzenia; mogą się
nimi wachlować niczym
wielkimi wachlarzami.

Dlaczego zebry są w paski?

Nikt do końca nie wie, dlaczego zebry mają prążkowaną sierść, z pewnością jednak pomaga im to dostrzec się nawzajem i utrzymać w stadzie. Tylko w stadzie zebry mogą czuć się bezpiecznie – zwłaszcza gdy w pobliżu czają się głodne lwy!

● Nie ma dwóch zebr, które miałyby taki sam układ pasków – tak jak nie ma dwóch osób, które miałyby takie same odciski palców!

● Gdybyś patrzył na stado galopujących zebr, przed oczami przesuwałyby ci się czarno-białe pasy! Lwu w takiej sytuacji też niełatwo wybrać zebrę, na którą chciałby zapolować.

Dlaczego pantery mają cętki?

Cętki pomagają panterze ukryć się wśród drzew i krzewów, a tym samym zaskoczyć przechodzącą obok ofiarę. Jasne i ciemne cętki na futrze pantery wyglądają tak samo, jak plamy światła i cienia pod liściastymi gałęziami.

Które zwierzę zmienia barwę?

Kameleony mają zazwyczaj brunatno-zieloną skórę, potrafią jednak w ciągu kilku minut całkiem zmienić barwę! Te dziwne zwierzęta zmieniają kolor skóry, by dopasować się do otoczenia, co pomaga im ukryć się przed wrogami. Kameleony zmieniają także kolor, kiedy są rozdrażnione lub przestraszone.

● Futro niektórych zwierząt żyjących w zimnych krajach jest brązowe w lecie i białe w zimie. Właśnie dlatego trudno je dostrzec, kiedy ziemię okrywa śnieg.

Dlaczego flamingi są różowe?

Flamingi są różowe, bo jedzą dużo różowych krewetek, które są ich ulubionym pokarmem. Kiedy te długonogie ptaki nie mają pod dostatkiem krewetek, robią się szare.

Dlaczego ptaki mają pióra?

Pióra służą ptakom do ogrzewania. Pomagają im także fruwać, nadając ich skrzydłom i ciałom specjalny smukły kształt. Każdy rodzaj ptaków ma skrzydła o innym kolorze i wzorze. Samce są często bardziej kolorowe niż samice – atrakcyjny wygląd pomaga im zwabić partnerkę!

● Puchate pióra ptaków zatrzymują ciepłe powietrze w pobliżu ich skóry i ogrzewają je tak samo, jak kołdra, która ogrzewa cię w łóżku.

● Kolibry to najmniejsze ptaki na świecie. Koliberek hawański składa jaja w gnieździe wielkości orzecha laskowego.

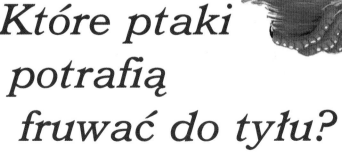

Które ptaki potrafią fruwać do tyłu?

Kolibry są „helikopterami" ptasiego świata. Potrafią fruwać do przodu, do tyłu, na boki, w górę i w dół. Potrafią nawet unosić się w powietrzu nad jednym miejscem.

● Ptaki fruwają, wymachując skrzydłami w górę i w dół lub szybując na nieruchomych, szeroko rozłożonych skrzydłach.

Dlaczego pingwiny nie umieją fruwać?

Pingwiny nie mogą fruwać, bo ich skrzydła są za małe, by utrzymać ich ciężkie ciała w powietrzu. Pingwiny są jednak świetnymi pływakami i nurkami. W wodzie wykorzystują swe skrzydła jako wiosła.

● Większość ptaków potrafi złożyć skrzydła blisko przy ciele. Pingwiny jednak nie potrafią tego zrobić. Zawsze trzymają skrzydła sztywno odchylone na boki.

● Strusie są zbyt duże, by fruwać, potrafią jednak biegać dwa razy szybciej niż najszybsi olimpijscy sprinterzy.

Które żaby potrafią latać?

Rzekotki drzewne potrafią wspinać się na gałęzie, a niektóre mogą nawet przelatywać z drzewa na drzewo! Te niezwykłe żabki mają wielkie stopy o palcach połączonych błoną. Kiedy rozcapierzą palce, łącząca je błona działa jak spadochron i pozwala rzekotkom szybować w powietrzu.

● Latające ryby w rzeczywistości nie latają. Wyskakują ponad powierzchnię morza i rozpościerają swe niezwykłe długie płetwy, które pomagają im szybować w powietrzu. Robią to, by uciec przed swymi wrogami.

● Rajski wąż latający może szybować z drzewa na drzewo. Aby się wspinać po drzewie, ociera się o korę swoim łuskoskórym brzuchem.

Które zwierzęta potrafią chodzić do góry nogami?

Niektóre gekony, małe jaszczurki, potrafią chodzić do góry nogami! Mają specjalne palce, dzięki którym trzymają się podłoża.

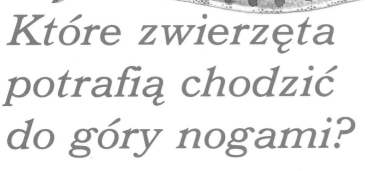

● Fałdy na palcach gekona są pokryte maleńkimi włoskami, a każdy z tych włosków jest zakończony maleńką przyssawką.

● W odróżnieniu od większości ryb poskoczki mułowe mogą pobierać tlen zarówno z powietrza, jak i z wody. To pozwala im utrzymać się przy życiu także poza wodą.

Która ryba potrafi wspinać się na drzewa?

Chyba ostatnim miejscem, w którym można spodziewać się ryby, jest drzewo – ale też poskoczek mułowy jest bardzo dziwną rybą! Wspina się na drzewo za pomocą płetw przypominających łapy, przywierając do powierzchni drzewa brzuchem, który pełni funkcję przyssawki.

Jak wysoko może skakać kangur?

Pewnie trudno ci w to uwierzyć, ale kangur potrafiłby przeskoczyć nad twoją głową! O ile nam wiadomo, najwyższy skok oddany przez kangura wynosił około 3 metrów – to dwa razy tyle, ile masz wzrostu. Kangury są tak dobrymi skoczkami dzięki silnym tylnym nogom.

● Gdyby brać pod uwagę rozmiary zawodników, to najlepszym skoczkiem wzwyż jest pchła, która potrafi skoczyć sto razy wyżej, niż sama mierzy.

● Oddając ogromne skoki do przodu, duże kangury potrafią poruszać się niemal tak szybko, jak konie wyścigowe!

● Gepardy wykorzystują podczas biegu swe ostre pazury, dzięki którym zaczepiają się o podłoże i odpychają od niego. Z tego samego powodu olimpijscy sprinterzy biegają w butach z kolcami.

Jak szybko może biec gepard?

Ścigając swą ofiarę, głodny gepard może biec z prędkością ponad stu kilometrów na godzinę. Biegnąc w tym tempie, szybko się jednak męczy i musi się zatrzymać, by zaczerpnąć tchu.

● Podczas skoku kangury utrzymują równowagę za pomocą swego długiego ogona. Gdyby tego nie robiły, prawdopodobnie przewracałyby się do przodu.

Które zwierzę ma dodatkową rękę?

Niektóre południowoamerykańskie małpy chwytają się gałęzi ogonami, dzięki czemu mają wolne ręce i mogą zrywać nimi owoce i orzechy. W odróżnieniu od większości małp, których ogony są całkowicie pokryte futrem, te małpy mają na końcu ogona gołą skórę – podobnie jak my mamy gołą skórę na dłoniach.

● Leniwce to bardzo dziwne zwierzęta, które żyją w Ameryce Południowej. Zawieszone na gałęziach do góry nogami, powolutku poruszają się w koronach drzew. Pokonanie odległości stu metrów może im zająć nawet cały dzień!

Ile mrówek może zjeść mrówkojad?

W ciągu dobrego dnia mrówkojad wielki zjada aż 30 000 mrówek! Jednym machnięciem swego długiego, lepkiego języka może zebrać nawet 500 mrówek. Mrówkojady nie przeżuwają jedzenia, bo nie mają zębów. Połykają mrówki w całości.

● Mrówkojady wielkie muszą chodzić na knykciach przednich łap, ponieważ ich pazury są bardzo długie i ostre. Używają tych pazurów do rozgrzebywania mrowisk.

● Ptaki żywiące się rybami często mają długie i ostre dzioby. Wężówka amerykańska nabija ryby na swój dziób jak na włócznię.

● Niedźwiedzie często rozrywają gniazda pszczół, by dostać się do ukrytego w środku miodu. Wygląda na to, że użądlenia pszczół wcale im nie przeszkadzają.

24

Które zwierzę używa swego palca jak widelca?

Dziwne, podobne do małpy zwierzę zwane palczakiem albo aj-aj ma w każdej ręce jeden bardzo długi palec. Aj-aj grzebie tymi palcami pod korą drzew, skąd wyciąga pożywienie – larwy i owady. Potem nadziewa swą zdobycz na palec tak, jak ty nadziewasz jedzenie na widelec.

● Palczaki żyją tylko na Madagaskarze, wyspie położonej u wschodniego wybrzeża Afryki.

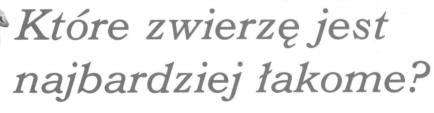

AFRYKA

Madagaskar

Które zwierzę jest najbardziej łakome?

Maleńka ryjówka etruska ma największy na świecie apetyt. Prawie nigdy nie przestaje jeść! Nim całkiem dorośnie, każdego dnia musi zjadać trzy razy tyle pożywienia, ile sama waży.

● Dorosła ryjówka etruska waży mniej niż kostka cukru.

Które zwierzęta strzelają do swoich ofiar?

Jeśli ryba zwana strzelczykiem zauważy owada, strzela do niego – oczywiście nie pociskami czy strzałami, lecz strumieniem wody, który wypluwa z ust. Owad spada do wody, a wtedy ryba go połyka.

● Pająk bolas poluje tak, jakby łapał swe ofiary na lasso – wymachuje nicią zakończoną kleistą kroplą, do której przyklejają się upatrzone przez niego owady.

● Strzelczyk jest doskonałym strzelcem. Trafia do owada siedzącego trzy metry od niego.

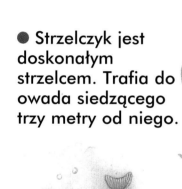

● Dźwięk zatrzaskiwanych szczypców pewnej niezwykłej krewetki powoduje, że po wodzie przesuwa się fala uderzeniowa, która ogłusza małe ryby i ułatwia ich schwytanie.

Które zwierzęta piją krew?

Najbardziej krwiożercze zwierzęta
świata to nietoperze wampiry,
komary i niektóre rodzaje pijawek.
Nietoperze wampiry zazwyczaj nie piją
ludzkiej krwi, ale komary i pijawki nie są
już takie wybredne!

● Pijawki nabrzmiewają,
kiedy się pożywiają. Tylko
niektóre pijawki piją krew.

Które ptaki używają przynęty na ryby?

Czapla zielonawa używa
owadów i piórek jako
przynęty na ryby. Wrzuca
przynętę do wody i czeka,
aż zauważą ją ryby. Ryba myśli,
że to jakaś smakowita przekąska, a potem
sama staje się posiłkiem czapli!

Dlaczego oposy udają, że są martwe?

Zaatakowany opos próbuje czasami oszukać swego wroga, udając, że jest martwy i licząc na to, że napastnik zostawi go w spokoju. Częściej jednak próbuje uciekać lub wspiąć się na drzewo, co z pewnością jest bezpieczniejszym sposobem ratunku!

● Zaskrońce także próbują przechytrzyć swych wrogów, udając że są martwe.

Które zwierzę najbardziej śmierdzi?

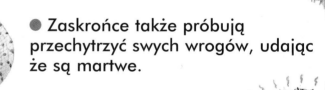

Skunks to bardzo śmierdzące stworzenie. Jeśli nieprzyjaciel popełni błąd i zbliży się za bardzo do skunksa, ten opryska go cuchnącą oleistą cieczą. Straszliwy smród może utrzymywać się nawet przez kilka dni!

Które zwierzę jest najbardziej kolczaste?

Jeżozwierz jest bardziej kolczasty niż największa nawet poduszka do szpilek. Jego grzbiet jest pokryty setkami długich, ostrych, ale elastycznych kolców, będących przekształconymi włosami.

● Zaatakowany jeżozwierz podnosi kolce, rozkłada je i grzechocze nimi ostrzegawczo. Potem rusza tyłem na swojego wroga.

● Niektóre kraby mają swoich własnych ochroniarzy. Noszą w kleszczach morskie zawilce, a gdy jakiś wróg próbuje się do nich zbliżyć, parzą go czułkami zawilców.

● Ryba zwana najeżką zwija się w kolczastą kulę, gdy ktoś próbuje ją zaatakować.

Czy zwierzęta zabijają ludzi?

Niektóre zwierzęta mogą być bardzo niebezpieczne, kiedy polują lub kiedy się czegoś przestraszą, jednak bardzo niewiele zwierząt atakuje ludzi bez powodu.

● Tygrysy polują zazwyczaj na duże zwierzęta, takie jak jelenie. Jeśli jednak tygrys jest zbyt chory, by polować, może zaatakować człowieka.

● Drzewołazy karłowate, maleńkie żabki z Ameryki Południowej, wydzielają ze swej jasno ubarwionej skóry śmiercionośną truciznę.

Czy wszystkie węże są jadowite?

Nie wszystkie – tylko kilka gatunków ma jad dość trujący, by mógł zabić człowieka. Najgroźniejsze węże to pęz dwubarwny, kobra, żmija i grzechotnik.

● Niektóre spośród największych węży nie są jadowite. To dusiciele – owijają się wokół swoich ofiar i duszą je.

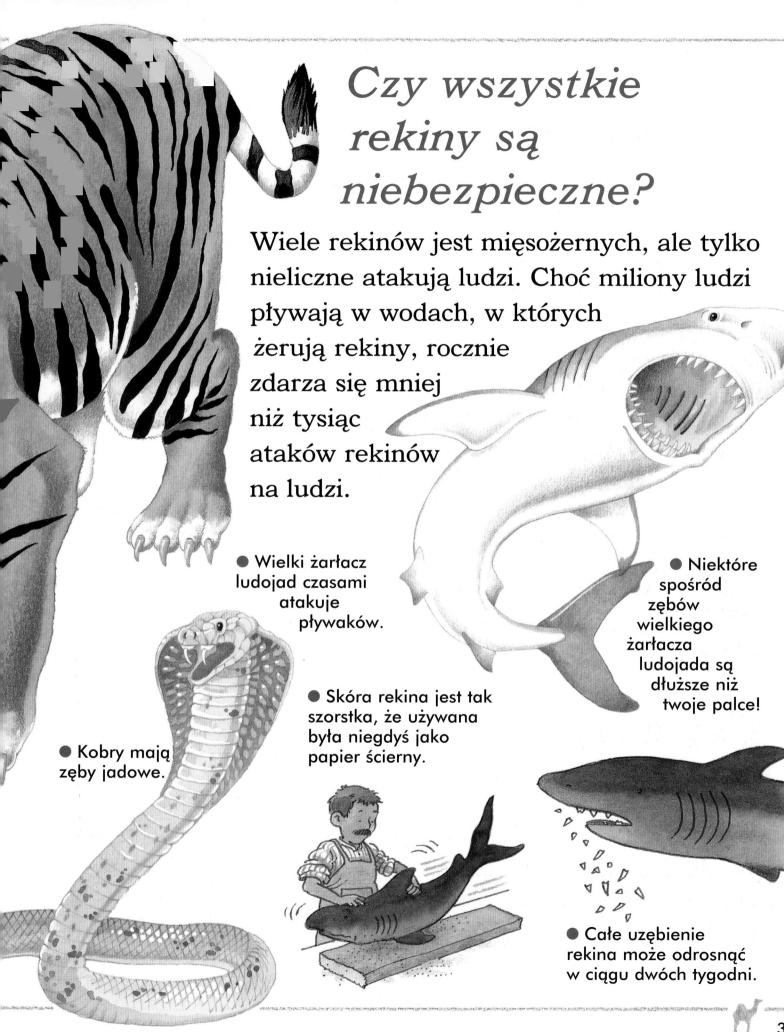

Czy wszystkie rekiny są niebezpieczne?

Wiele rekinów jest mięsożernych, ale tylko nieliczne atakują ludzi. Choć miliony ludzi pływają w wodach, w których żerują rekiny, rocznie zdarza się mniej niż tysiąc ataków rekinów na ludzi.

● Wielki żarłacz ludojad czasami atakuje pływaków.

● Niektóre spośród zębów wielkiego żarłacza ludojada są dłuższe niż twoje palce!

● Skóra rekina jest tak szorstka, że używana była niegdyś jako papier ścierny.

● Kobry mają zęby jadowe.

● Całe uzębienie rekina może odrosnąć w ciągu dwóch tygodni.

31

Indeks

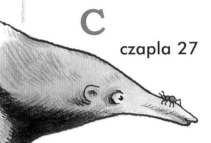

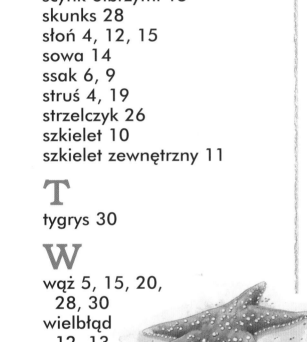